RICHARD GOOSMANN

Die Welt im Stillstand

Gedichte

FRIELING

Bibliografische Information der Deutschen Nationalbibliothek
Die Deutsche Nationalbibliothek verzeichnet diese Publikation in derDeutschen Nationalbibliografie; detaillierte bibliografische Daten sind im Internet über http://dnb.d-nb.de abrufbar.

Rheinstraße 46, 12161 Berlin
Telefon: 0 30 / 76 69 99-0
www.frieling.de
ISBN (Print): 978-3-8280-3774-8
Auch als E-Book verfügbar (ISBN 978-3-8280-3775-5)
1. Auflage 2023
Bildquelle/Gestaltung: pixabay

Printed in Germany

Das Sterben

Das Sterben

Wie muss es sein, das Sterben?

Es gibt Tage,
an denen sich manch ein Mensch wünscht,
zu sterben.

Aber es gibt so viele Gedanken,
die uns daran hindern,
diesen dunklen Weg außer Acht zu lassen.

Die Ängste vor dem Weg ins Ungewisse.
Wohin werden wir geführt,
wenn wir die letzten Tage auf Erden wandeln?

Aber sollen wir uns nicht mehr
vor dem Leben fürchten,
das versucht, uns mit in den
verfluchten Abgrund zu reißen?

So haben wir Schrecken davor,
wie einer der Verbannten vergessen zu werden
und so vom Leben dazu verdammt zu werden,
allein in den Tod zu gehen.

Wie einige jetzt schon in der Dunkelheit
dieses selbst erbauten Käfigs
in Gefangenschaft leben.

Ohne Hoffnung und von der Welt betrogen.
Ohne es zu hinterfragen,
sehnt sich manch einer von uns
nach so einem kaputten Leben.

Das Sterben

Es gibt sogar diejenigen,
die zu zweit sind,
aber sich doch unverstanden, alleine
und verlassen fühlen.

Die geliebt werden,
doch sich selbst damit bestrafen,
allein zu bleiben.

Und auch jene,
die Traurigkeit im Herzen tragen,
doch sich selbst mit Hass erfüllen,
um dies für sich zu behalten.

Sag mir,
warum helfen wir nicht einander,
um so die Freuden dieses Lebens
wieder zu spüren?

Das Leben in Zeit

Das Leben in Zeit

Das Leben ist wie ausgeliehene Sekunden.
Mache all das,
was die Erfüllung im Leben bringt.
Bereue keinen deiner Schritte.
Denn diese Schritte
gehst du kein zweites Mal.

Die Stunden deines Lebens
werden nicht zurückgedreht.
Darum verschenke keine davon an Dinge,
die es nicht zu schätzen wissen.

Denn das größte Geschenk,
was du geben kannst, ist Zeit.
Doch lass die Zeit nicht verstreichen mit jenen,
die dir nichts geben.

Eines Tages steht die Zeit still.
Du wirst nicht zurückgehen können.
Eine Stunde wird schlagen.
In der schlägt die dunkle Stunde
mit deiner letzten Sekunde.

Drei Personen in Einer

Drei Personen in Einer

Die erste Person in mir ist voller Liebe.
Von einer Romantik beseelt,
die einen Schmetterling symbolisiert,
der sich, aus einer Puppe geschlüpft,
in voller Schönheit von der Sonne begrüßen lässt.

Ohne Sorgen vor dem schleichend
näher kommenden Schatten,
der ihn nicht entkommen lässt.
Sich von den Lüften seiner Euphorie tragen lässt.

Alles scheint einfach zu wirken, nahezu schwerelos.
Die Perfektion erhält Einzug
und die Freiheit, sich zu entfalten.

Die aufregenden Entdeckungen zu sehen
und die Düfte und Verzückungen
dieser Welt zu bestaunen.

Dann gibt es die andere Person,
die beherrscht von Logik
und Gedanken der Gleichgültigkeit,
diese Anschauungen nicht teilen kann.

Weil die Wahrheit der Perfektion
keinen Bestand zu haben scheint.
Nicht die Naivität erwidert und logisch analysiert.

Drei Personen in Einer

Und sich fragt, wo die Schönheit ist
und welche Unwahrheit im Wahnsinn
der erstgenannten Person steckt.

Was dient diese Euphorie,
wenn sie keinen Zweck zu erfüllen scheint?
Was bringt die Entdeckung,
die so beschwingt?

Dann erscheint die dritte Person voller Zweifel,
voller Angst und Ahnungslosigkeit.
Die Trauer erhält Einzug
und fordert ihren Tribut.

Sich unverstanden zu fühlen,
das Gefühl, nicht Teil von etwas zu sein.
Schmerz wird dem Vorgang eingeschoben.
Schmerz, der tief aus vergangenem Unheil stammt.

Ohne Hoffnung auf den Tag
der Wunder dieses Lebens.
Zerstört von der Ironie
dieser Zeit vergangener Tage.

Das sind die drei Personen meiner Selbst.

Das kraftvolle Meer

Das kraftvolle Meer

Wenn mein innerstes zur Ruhe kommen muss,
alles in mir zerwühlt ist,
sehne ich mich nach Tagen der Ruhe.

Wenn die Gedanken
wie ein reißender Fluss wirken,
zu jedweder Seite geworfen.
Unaufhaltbar, zerstörerisch.

Fahre ich zu einem Ort,
dem ich mich verbunden fühle.
Das Meer, dem ich gleich komme.

So kraftvoll, wie ich diese magische Verbundenheit
seit meiner Kindheit spüre.
Mal ist es ruhig, mal stürmisch.

Dann kehrt Ruhe ein, ein stiller Moment.
Wie Frieden, jedes Geräusch,
jeder Geruch der Natur ist wahrnehmbar.

Der tiefe Atemzug in meiner Lunge
ist unbeschreiblich.
Dann spüre ich wieder Gelassenheit
und schöpfe von der Kraft der Natur
und des Meeres neue Energie.

Meine Beschreibung und Bedeutung des Meeres.

Der Vampir

Der Vampir

Wo findest du die Wahrheit besser als in dir?
Indem du in die Abgründe
deiner Finsternis blickst
und dein dunkelstes Ich befreist.
Denn wer nicht in sein dunkles Ich schaut,
wird sich niemals finden
und wissen, was in seiner Seele schlummert.
So bin ich erwacht.
Zum Vampir der Nacht.

Die Frau, die ich liebe

Die Frau, die ich liebe

Es gibt da eine Frau,
deren Liebe mir so noch unbekannt war.
Ich verstehe nicht,
warum es mich gerade bei ihr erwischt?
Ich habe irgendwie nur noch
das Gefühl der Freude in ihrer Gegenwart.

Ich habe mich verändert,
um ihrer Liebe gerecht zu werden.
Ich bin nicht mehr der Schatten,
den ich einst verkörperte.
Ich versuche all das zu verkörpern,
wonach sie verlangt.

Aber sie verschmäht mich trotz meiner Opfer.
Sie findet es bedeutungslos.
Es waren schon zu viele,
die so zu ihr sprachen.

Doch ich möchte nur ihre Aufmerksamkeit,
suche nur Gespräche mit ihr.
Ich liebe es, sie anzusehen.
Allein sie sehen zu dürfen,
erfüllt mich so mit Dingen,
ohne die ich nicht fähig wäre zu überleben.

Ich brauche keinen Wohlstand,
brauche nichts für mein leibliches Wohl.
Nur ihre Blicke geben mir das Gefühl zu leben.

Die Frau, die ich liebe

Ich verbringe jeden Tag ohne einen Funken
in der Dunkelheit
und komme einfach nicht aus ihr heraus.
Um wieder ins Licht zu kommen.

Ich träume von ihr
und darf so in der Nacht bei ihr sein.
Doch bin ich wach,
dann bin ich wieder ohne sie
in der Einsamkeit gefangen.

Doch würde ich dem Teufel meine Seele schenken,
um sie lächeln zu sehen.
Doch wie lange soll es noch dauern,
bis ich wieder ein Wort von ihr höre?

Wie lange noch warten,
bis ich wieder ein Lächeln von ihr vernehmen darf?
Mein Herz spürt die Kälte wie Eis und wie Stein.
Nur ihr Feuer ist das einzige,
das mein Herz aus dieser Kälte befreien kann.

Auch meine lang erhaltene Hoffnung
und Träume sind gefangen,
sie gehen von Tag zu Tag ein Stück mehr verloren.
Habe schon fast den Weg der Liebe
aus den Augen verloren.

Manchmal denke ich
in einem stillen Moment daran,
ob das Sterben nicht das geringere Übel wäre,
als jeden Tag so von der Liebe zerrissen zu werden.

Die Frau, die ich liebe

Wären da nicht jene Tage,
an denen ich sie sehen kann.
Es gibt mir ein fehlendes Stück
meines Lebens wieder,
um so die Wärme, die noch besteht, zu erhalten.

Und meinen Gedanken
neue Hoffnung zu schenken.
Doch umgibt mich, ist sie wieder entschwunden,
sofort die Dunkelheit.

Mit einem Lächeln nimmt die Verzweiflung
mich zurück in ihre Arme
und zwingt mich so zu verstehen,
dass die Frau, die ich liebe,
für immer nur ein Traum bleiben wird.

Auf Ewig von Gott
und von den Mächtigen der Finsternis
dazu verdammt, allein zu sein.

Ich spüre diese erdrückende Kälte meines Herzens.
Es fängt zunehmend an,
jedes kleinste Gefühl von Liebe einzufrieren.
Und versucht so, meine Verwirrung zu nähren.

Auch die Verzweiflung versucht,
mir ihre finsteren Worte zuzuflüstern.
Jedes Licht, das tief in meiner Seele verborgen ist,
wird mir entzogen.

Die Frau, die ich liebe

Auch wenn ich wach bin,
sehe ich nur ihre Schönheit vor mir.
Sehe ich auch jemand anderen an, spüre ich nur sie.

Wieso muss ich dieses Leiden ertragen?
Bin ich auch dazu bereit.
Frag ich mich, warum schenkt sie mir
nur die Verachtung?

Doch bekomme ich auf dieses Flehen
keine Antwort.

Sie gab mir nur zu verstehen,
dass ihr Herz nur Platz für ihre Familie aufweist.
Dass ihr Herz keinen freien Platz mehr hat,
der besetzt werden kann.

Es ist zwar erschreckend, doch ich weiß,
wie es um ihr Herz bestellt ist.
Ob sie traurig ist oder ob sie fröhlich ist.
Weil ich einem Zwilling gleich,
jedes Gefühl von ihr teile.

Ich kann es mir auf keine Art und Weise erklären.
Weiß nur, urplötzlich fühle ich mich fröhlich
und verspüre den Drang zu lachen,
ohne einen Grund dafür gefunden zu haben.

Und ein manches Mal
läuft eine Träne meine Wange runter,
ohne auch dafür einen Grund zu haben.

Die Frau, die ich liebe

Oder ich höre Musik,
die ich eigentlich weniger hören mag.
Manchmal schreibe und schreibe ich,
bis meine Hand vor Schmerzen
nicht mehr dazu imstande ist.

Um dem aber doch noch ein Ende zu bereiten,
erinnere ich mich an die Vergangenheit,
welche den schlimmsten Albträumen nahe kommt.
Sodass mein Geisteszustand es nicht weiter erträgt,
so etwas zu schreiben.

An manchen Tagen
kommen meine Gedanken
denen eines Wolfes gleich,
der eingesperrt in einem Käfig sitzt
und jede Nacht darüber grübelt,
wie er seine Rache an seinen Peinigern
vollziehen könnte.

Sodass der Wolf wieder seine Freiheit besäße
und wie einst durch seinen Wald streift.
Und auch wieder dem Lauf
des Mondes folgen kann.

Nun scheint mir bewusst zu sein,
was das Schlimmste auf dieser Welt sein muss.
Nichts ist je schlimmer
als diese ewige Liebe,
die sich nie erfüllen wird.

Die Frau, die ich liebe

So ohne weiteres Verständnis
am Leben auf dieser Erde teilnehmen zu dürfen.
Jedes Märchen scheint ein gutes Ende zu haben.
Doch ist dieses Leben ist
weit komplizierter als ein Märchen.

Man kann sein Buch des Lebens
zwar in einigen Fällen nicht selbst bestimmen,
aber man kann es aufschreiben,
um nicht von diesen Gedanken,
die man in sich trägt, zerstört zu werden.
Um so niemals zu vergessen,
was einem in dieser Welt das Wichtigste war.

Konversationen

Konversation

Der Weg, den ich nicht zu gehen bereit bin,
nur zu einem Unterhaltungszweck,
ohne besonderen Belang,
dienlich zu erscheinen.
Eine einseitige Konversation
ist weder faszinierend
noch außergewöhnlich befriedigend.
Einfach zu erreichen,
was man zu nehmen gewillt ist,
sollte auf anderer Ebene zurückgegeben werden,
um geistige Ebenen beidseitig befriedigt zu wissen.
Nur das ist Erfüllung hinsichtlich der
Konversation zweier Menschen.

Die Hoffnung meiner Finsternis

Die Hoffnung meiner Finsternis

Hoffnung, das blasse Gesicht,
was mir in dieser finsteren Finsternis zulächelt.
Mich aus der Ferne rief,
mich verführerisch in seinem Bann zu ertränken.
Wehe mir, oh Finsternis,
lass mich nicht unachtsam werden,
auf dem Weg, der vielleicht nur
in eine weitere Leere der Bekümmertheit führt,
um weiteres Leid zu finden.
Um ein weiteres Theaterstück des Glückes
erscheinen zu lassen.
Wie leere Arme,
die ihre Erfüllung
in jemandem zum Lieben suchten,
aber nicht fanden.

Die Hoffnung eines Kämpfers

Die Hoffnung eines Kämpfers

Das unendliche Leid,
dem meine Seele dachte entkommen zu sein,
hatte nur seinen Griff durch Hoffnung gelockert,
um mich letztendlich
mit letztem Druck
völlig zu zerstören.

Und die Tränen meines Schreis
fallen ungehört zu Boden,
um die Dämonen zu ergötzen.

Doch die Hand der Hoffnung
werde ich immer ergreifen,
weil ich mich dem Leiden noch nicht ergebe.

Denn Leben bedeutete für mich immer leiden.
Und immer wieder, in verschiedenen Formen,
kreuzt es meine Wege.

Doch ich bin ein Kämpfer der Liebe
und das wird nie mein Selbst erlöschen.
Das Feuer, was es heißt, zu glauben.

Im Stich gelassen

Im Stich gelassen

Ich erinnere mich an all diese Worte,
die sie aus reiner Wahrheit zu mir sprach,
wie ich glaubte.

Doch dies war ein Gefühl,
das aus Verrat bestand,
um mein Gewissen davon abzulenken,
dass es nicht versuche,
über die zweifelhaften Worte nachzudenken.

Das Leben besteht doch nur
aus einer einzigen Lüge.

Ich habe gelernt,
dass man besser nicht auf sein Wissen vertraut.

Denn die Dinge erscheinen
und passieren immer anders,
als man es gedacht hat.

Hat man nicht schon Dinge
für Menschen aufgegeben,
die einem wichtig erschienen?

Dennoch wurde man zum Dank zurückgelassen,
wie ein benutztes Stück Papier,
auf dem es keine Zeile mehr zu schreiben gibt,
weil sich die alten geschriebenen Worte zu Hauf
auf diesem Papier befinden
und sie keinen Platz mehr für neue lassen.

Im Stich gelassen

Im Leben zu wissen,
was wahre gesprochene Worte sind
und welche nicht mit Wahrheit gesprochen waren,
das wäre mein größter Traum.

Doch auch Träume leiten einen fehl
und werden zu Albträumen.
Und auch die lassen einen im Stich.

Es gibt einige Dinge,
die man anders im Leben getan hätte,
wenn man es irgendwie könnte.

Und wann haben wir dieses Gefühl,
wenn wir die, die wir aus reinem Herzen liebten,
verloren oder verletzt haben?

Es gibt keine aufrichtige Liebe auf dieser Erde.
Denn diese haben wir im Stich gelassen.

In einer Winternacht

In einer Winternacht

Einst in einer kalten Nacht
saß ich vor dem wärmenden Kamin.
Ich philosophierte über die Sterne vor mich hin,
während ich einen heißen Kakao trank.
Schweifte den Blick nach draußen,
in dieser wunderschönen Nacht,
voller Freude auf den Schnee.

Wie wunderschön, dass jedes Jahr
die weiße Pracht so da liegt.
Ich erinnerte mich daran,
wie es als Kind war, einen Schneemann zu bauen.
Wie schön es war, erstaunte mich als Kind sehr.

Der Schnee, er glitzerte wie Diamanten.
Von Sternen beleuchtet mit großem Glanz.
Ach, wie habe ich es jedes Jahr geliebt.
Besinnlich ist die Zeit der Ruhe.

Kann ich entfliehen aus dieser Welt,
so laut sie heute sein mag.

Wer erinnert sich nicht an seine Kinderzeit?
Wer vermisst es nicht, dass es mal schneit?
Die Schneeballschlachten waren wunderschön
und wieder geht das Herz mir auf,
wenn ich an diese Zeit denke.

Und ganz unverblümt dieser Zeit
mein Herz vor langem schenkte.
Denk nur daran, wie es zu der Zeit so war.

In einer Winternacht

Schlittschuhlaufen und Schlittenfahren, ja,
das war eine Freude wie wahr.

Ich wünsche mir die Zeit zurück, ich hoffe,
sie kommt bald zurück.
Freudige Augen werde ich sehen,
denn auch das kann mein Herz in Freude
und Frieden wiedersehen.

Oh, hier in meinem Zimmerchen
mit dem Kamin ganz warm.
Setz mich schon in dieser Zeit
und freue mich, wenn sie wieder einkehrt.

Denn das, ja, ist mein Ruhepol.
Ist für mich die Winterzeit, gute Nacht,
auch bitterkalt.

Doch Freude kommt mir nur dann,
weil ich dann wieder Kind sein kann.

So mag ich euch erzählen von meinen Gefühlen.

Ich hoffe, bald ist sie mal da,
die Winternacht wie schön, ohja.

Der Engel

Der Engel

Der Engel, den ich begann zu rufen,
erhörte mein Flehen nicht.

Mein Schicksal gewandelt
zu einem verheerenden Fluch ewiger Qualen.

Mächtig ist dieser, welcher mich erblinden ließ,
für die wichtigen Dinge dieser Welt.

Wer errettet mich mit der Wahrheit seiner Worte?
Wer lässt seine Lügen
um meiner Willen verstummen?

Die Liebe, eine Rettung kann sie sein
oder Verdammnis, die mich noch mehr leiden lässt.

Wer kann das Meine aufrichtig halten,
um es nicht verkümmern zu lassen?

Wehe dir Zeit, die du mir Schönheit zeigst.
Denn es sind die Gespielen des Untergangs.

Doch begehre ich zu sehr,
um klaren Blickes meinen Weg zu gehen.

Und so bekomme ich das Leben,
was ich mir selbst auserkoren
und vergehe in finsterer Leidenschaft
und im Feuer.

Leid einer Trennung

Leid einer Trennung

An einem Tag kann alles
wie ein Sonnenaufgang sein.
Eine Wiese bedeckt von den schönsten Blüten,
die das innere Auge je erblickte.

Schmetterlinge, die durch das Innere streifen,
eine Wohltat deiner Seele.
Jede dieser Farben, die gesehen werden,
sind wundervoller hell erleuchtet
wie in den schönsten Träumen.

Der stille Moment des Alleinseins
scheint vergessen.
Und du umarmst andere mental
mit deinem Frieden
und deinem schönsten Lächeln,
das den Hass anderer
so leicht zum Schmelzen bringt.

Deine Gegenwart wird gesucht
und jeder deiner Träume fühlt sich erreichbar an.
Unbesiegbar scheinst du zu sein.
Unangreifbar für jede Art der Dunkelheit
und der verletzenden Gedanken.

Du wanderst umher,
leicht wie Luft, eine Feder,
die von nichts aufzuhalten versucht wird.

Und das Glück ist der Freund,
für den du die Hoffnung nie aufgabst.

Leid einer Trennung

In den nächsten Tagen,
mit dem Glauben daran unverwundbar zu sein,
fängt ein kleiner Schatten an,
sich in deinem Herzen auszubreiten.

Er trägt den furchterregenden Namen Zweifel
und wird begleitet
von seinem engsten Bruder Misstrauen.
Als drittes gesellt sich die Angst hinzu.

Dich beschleicht ein eigenartiges Gefühl,
das dir sagt, der Paranoia ist zu folgen.
Das, was du fühlst, ist zu schön,
um davon nicht verletzt zu werden.

Der Zweifel flüstert dir ins Ohr,
schau auf deinen Schritt,
den du zu gehen versuchst.
Wirst du auf diesem begleitet?

Oh, die Stimme warnt dich
und dein Herz beginnt zu beben
und ist von den Zweifeln versucht,
sich in einer Gefahr zu fühlen.

Der engste Bruder, das Misstrauen,
zeigt dir die Bestätigung,
an die dein Herz glaubt,
den schlimmen Betrug,
der von grausamen Schmerzen gefolgt wird,
um dich zum Aufgeben zu treiben.

Leid einer Trennung

Und der Dämon bekommt die Macht
über dein Denken, dein Handeln
und lässt dich Qualen
ungeahnten Ausmaßes spüren.

Die Angst sieht ihre Gelegenheit gekommen,
den Funken Hoffnung, der dich begleitet,
von dir zu nehmen.
Dir zu berichten,
dass statt Glück das Leid ein besserer Freund ist,
es dich zwar allein sein lässt,
aber dir die Gefahr nimmt,
wieder so zu fühlen.

Wenn du der Liebe den Rücken kehrst und dem,
der sie dir zu geben zu versuchen scheint.
Kannst du gewiss sein,
dass dich die Trauer nie mehr ereilt.

Das ist der Anfang und das Ende,
mit allen Facetten einer Trennung
und das Leid.

Die Engel meiner Zeit

Die Engel meiner Zeit

In die Sterne hinausschauend
stellte ich mir die Frage,
in mich zurück gezogen,
von Gedanken umgeben
wie von der Brise eines kalten Luftzugs,
philosophierte ich im Stillen.
Sind die Engel unserer Zeit Menschen,
die kurz im Leben erscheinen?
Mitnichten begann ich,
meine Gedanken zu vervollständigen.

Die Engel dieser Zeit sind solche,
die dich tragen,
wenn wir im Begriff sind,
ins Bodenlose zu fallen.

Den emotionalen Sturz abfangen,
bevor es zu unsagbaren Orten geht,
in denen unser Geist
von unsagbarer Trauer zerbrochen wird.

Die Flügel, die dich weiter durch diese Zeit tragen,
um immer wieder aufzustehen,
um weiter mit Mut erfüllt zu werden
für jeden weiteren Schritt.

Die nahestehenden, die uns lieben,
mit Gefühlen des Wohlwollens.
Dieses wärmende Gefühl,
was man spürt und was uns warnt,
bevor wir im Begriff sind,
einen unverzeihlichen Fehler zu begehen.

Die Engel meiner Zeit

Das sind die Engel meiner Zeit.
Ich hoffe, bis in alle Ewigkeit,
um den Weg zu bewahren,
den wir zu gehen versuchen.

Meine Ruhe am Wasser

Meine Ruhe am Wasser

Wasser, meine Verbindung zum Leben.
Am Meer zu sein,
bedeutet für mich reine Freiheit.

Im Augenblick,
wenn kein Wind über das Wasser fährt,
ist es wie an einem Ruhetag in mir selbst.

Dieses wertvolle Element des Lebens.
Wenn der Wind es in Aufruhr versetzt,
verspüre ich eine Unstimmigkeit in mir selbst.

Diese kurze Verstimmung meines Gleichgewichts
und wie das Meer bin ich impulsiv.
Wenn ein Sturm anbricht
und die Wellen durch die Gezeiten peitschen,
sich bedrohlich aufbäumen,
ist es meine Wut in mir,
die ich fast nicht beruhigt bekomme.

Kein Anhalten, voller Energie bewegt
und überschwemmt alles auf seinem Weg.
Doch ich nutze diese geballte Kraft für die Liebe,
für Hilfe, wo Bedarf ist.

Das ist mein Vergleich.
Ich bin die Ruhe im Wasser,
denn nur dann kann ich
auch die größten Stürme überstehen.

Die Moral

Die Moral

Was bedeutet für mich Moral?
Die Moral, die in mir ist,
begrenzt mich auf mein Tun.

Für mich die Grenze ist ewig nicht.
Denn auch ich werde irgendwann ruhen.
Tag aus, Tag ein so viel zu tun.

Gespannt an jedem Morgen ich bin.
Verzweifelt suche ich diesen Sinn darin.
Geb acht auf jeden meiner Schritte.
Dass ich nicht bald verloren bin.

Ist das wahre Richtige hier.
Sonst bin ich bald verloren.
So schöne Dinge man auch sieht.
Jeder hat es nicht verdient.

Denn woran machen wir dies fest?
An der Moral, die uns die Grenzen lässt?
Wir sind gefangen in uns selbst.
Was uns am Tag am Boden hält.

Die Grenzen, die uns selbst gesetzten.
Wir uns somit schon selbst verhexen.
So wollen wir leben ohne Reue.
Die Zweifel, die ich in mir streue.

So ist es letztendlich geschehen.
Die Moral kann jetzt bestehen.

Der Tag, an dem die Welt stillstand

Der Tag, an dem die Welt stillstand

Als ich in diesem Augenblick
meine Augen öffnete,
überfiel mich ein großer Kummer.

Wenn ich diese Welt
aus den Augen eines Malers betrachten müsste,
würde ich zuerst ein Portrait der Verzweiflung
und Trauer zeichnen.

Eiskalte Blicke in dieser dunklen Zeit,
in der mein Herz wie Eis zu frieren beginnt.

So fühle ich mich als Wanderer
einer mir nicht angebrachten Zeit,
der ich gerne entfliehen würde
auf den Schwingen eines Engels.

In dieser Zeit der Zerstörung
den Anblick eines Engels zu finden,
scheint unmöglich zu sein.

Doch unschuldig
aus den Augen eines Kindes betrachtet,
werden wir auch in dieser erschreckenden Zeit
einen Engel der Vergebung finden.

Ich verschließe mein Herz nicht
vor der ungeahnten Möglichkeit,
meine Menschlichkeit zu bewahren.
Die Menschlichkeit ist das,
was das Herz zum Schlagen bringt,
um die Gefühle zum Ausdruck zu bringen.

Der Tag, an dem die Welt stillstand

Nicht von der Trauer
und dem Schmerz lasse ich meine Welt leiten.
Sondern von der Liebe
und dem Mitgefühl meiner Gedanken
und meines Herzens.

Sei bereit, mit meinen Gefühlen zu sehen,
um diese Welt
in einem positiven Licht zu betrachten.
Denn Gefühle von Hass und Gewalt
können uns in dieser Welt
nur den Stillstand bringen.

Gib dir ein Gefühl von Ruhe
und finde dein Herz,
um deine Gedanken zu ordnen
und du wirst sehen, du findest den Engel,
der dich auf seinen Schwingen
ins Paradies begleitet.

Auch wenn diese Welt still steht,
bringt es mein Herz nicht zum Erliegen
und auch mein Lachen nie zum Schweigen.
Eine Umarmung, ein Kuss seines Gegenübers,
lässt einem doch das Herz wieder hell werden
und Geborgenheit fühlen.

Denn nicht die Welt steht still,
bloß unsere Herrlichkeit kann
in Vergessenheit geraten,
wenn wir den negativen Gefühlen unseres Seins,
den Gedanken, den Freiraum lassen.

Der Tag, an dem die Welt stillstand

Zulassen, dass diese Lieder
der Freiheit verstummen,
die auch ihr in eurem Herzen tragt.
Denn nur wer die Menschlichkeit verliert,
hat das Gefühl,
die Welt zum Stillstand zu bringen.

Nur wer die Hoffnung
und die Liebe zu dieser Welt
und zu den Menschen verliert,
für den wird die Welt in Stillstand geraten.

So lasst uns mit Liebe begegnen,
denn nur Liebe zu dieser Welt
und zu unseren Mitmenschen
lässt uns in diesem Moment
das Paradies der Liebe fühlen.

So empfinde ich diese Welt,
die in Stillstand geraten ist.

Solange wir frohen Mutes weiter voranschreiten,
wird diese Welt niemals in Stillstand geraten.

Ein Meisterwerk meiner Hände

Ein Meisterwerk meiner Hände

Ganz allein in Gedanken dieser Epoche versunken.
Erinnerung an diese Entstehung
meiner geschriebenen Worte.
Gebeugt über eine leere Seite,
die ich mit den Buchstaben meiner Feder
zu verzieren versuche.

Gedanken sammeln,
um der Rose meines Herzens
zu sprechen zu erlauben.
Um auf dem leeren Blatt
eine unverkennbare Note
der Schönheit zu errichten.

Gedanken, die so vieles erblickt haben
im Lauf der verschiedenen Epochen meines Ichs.
Schier grenzenlos scheinen die Möglichkeiten
in alle Richtungen zu schweifen.

Die Poesie,
die längst vergessen geglaubte Liebe, zurückbringt.
Für den Augenblick, um sie nochmal zu erfahren.

Menschen,
denen wir entsagen mussten,
an Orten,
zu denen wir ihnen nicht folgen konnten.

Leid,
das uns trotz mehrmaligem Durchdenken
nicht zu anderen Ergebnissen führen kann.
Auch wenn unser Herz es kaum ertragen mag.

Ein Meisterwerk meiner Hände

Dann, wenn diese Emotionen mich begleiten,
an den gewissen Tagen,
entsteht so ein Meisterwerk meiner Gedanken.

Meine Hände tragen diese Gedanken
der Euphorie, Melancholie und des Glückes,
aber auch der Erfahrungen,
auf das unbeschriebene Blatt auf.

Somit ist ein Meisterwerk
meiner Hände entstanden,
geleitet von den Gefühlen meiner Gedanken.

Nur ein Blick

Nur ein Blick

Nur ein Blick von dir,
der mich augenblicklich lässt anfangen zu träumen.
Nur ein kurzer Augenblick lässt mich verstehen,
was du gerade fühlst.

Du bist in meinen Gedanken,
welchen Schritt ich auch gerade gehe.
Wo ich mich auch befinde.

Wenn du lächelst,
füllt sich mein Herz mit Wärme.
Doch gibt es auch Augenblicke der Kälte,
die mich zurückschrecken lassen.

Worte, um dir zu sagen,
was du für mich bist, finde ich nicht.

Sehe ich nachts in die Sterne hinauf,
denke ich, dir in diesen Augenblicken nah zu sein.
Denn wenn ein Stern hell funkelt,
heißt das ich liebe dich.

Ich würde sie am liebsten alle sammeln,
um damit deinen Namen am Himmel
in der Nacht leuchten zu lassen.

Manchmal, wenn ich in den Himmel schaue
und es regnet, denke ich,
wie viele Menschen außer mir vergießen
gerade jetzt ihre Tränen für die Liebe?

Nur ein Blick

Doch es gibt unüberwindbare Mauern,
die uns von ihnen trennen.
Wir spüren diese brennenden Schmerzen,
die sich von uns niemals trennen.

Was aber auch kommen mag
und was auch geschehen mag,
wenn du jemals meine Liebe
oder meine Hilfe brauchst,
werde ich schnell
wie zu einem im Sturm verlorenen Kind,
bei dem es um sein Leben geht,
zu dir eilen.

Rufen brauchst du mich nicht dafür,
denn nur ein Blick von dir reicht
und ich bin bei dir.

Die Schmerzen einer Liebe

Die Schmerzen einer Liebe

Zärtlich streichelte ich ihr hübsches Gesicht
und küsste sie in meinen Träumen auf ihre Stirn.
So ihr zu verstehen zu geben,
dass ich bei ihr sein werde,
was auch geschehen mag.

Dann schaute sie mich an,
mit ihren wundervollen Augen
und gab mir so zu verstehen,
dass sie sich von mir beschützt fühlte.

Ohne Worte auszusprechen,
nur mit Gesten allein,
schienen wir einander zu verstehen.

Sie lächelte mich mit ihren
geheimnisvollen roten Lippen an,
denn damit verstand ich,
dass ich ihr Herz berührte und sie meins.

Doch hatte ich Angst,
wieder aus meinem Traum zu erwachen
und nicht mehr diese Vertrautheit
zwischen mir und ihr zu spüren.

Angst abgewiesen zu werden,
wenn ich aufwache und ihr diese Gefühle gestehe,
wie ich es schon einmal tat.
So wie ich ihr einst mein Herz schenkte
und es danach in Tränen ersticken sah.

Die Schmerzen einer Liebe

Doch kann ich diese Gefühle,
die in meinem Herzen verborgen sind,
nicht lange zurückhalten.

Sie schaute mich an, wusste es
und legte Ketten der Verzweiflung um mich
und brachte mein Herz zum Stillschweigen.

So habe keine Furcht,
denn meine Freundschaft wirst du nicht verlieren.
Doch hat auch diese,
auf den Flügeln eines Adlers,
sich auf den Weg
ins Land der unerreichbaren Sonne gemacht.

Wie Ikarus versuchte ich,
diesem Adler zu folgen,
doch verbrannte die Sonne meine Flügel
und der Adler flog ohne mich davon.

Doch oft frage ich mich,
ob Liebe nicht nur eine trügerische Hoffnung ist,
um jemanden, bei dem wir uns wohl fühlen,
für ewig an uns zu binden.
Um so mein und eines anderen Leben
ertragbar aussehen zu lassen.

Folgt nicht gerade darauf der Hass,
der unser Herz in Stücke zersetzt,
weil man so an vergangene Liebe erinnert wird?

Die, aus welchen Gründen auch immer,
dahin welkte.

Die Schmerzen einer Liebe

Und uns mit zerbrochenen Plänen
und trauernden Herzen zurückließen.

Ist es nicht gerade die Angst?
Davon zu sprechen allein, reicht nicht aus.
Somit denken, alles richtig gemacht zu haben.

Ist es nicht wichtiger,
sich ohne jeglichen Gedanken, ohne Zweifel,
von seinem Herzen führen zu lassen?

Was ist es,
was ich in meinem Herzen an ihr so begehre?
Ist es allein ihre Schönheit,
die mein Herz schneller schlagen lässt?

Nein, es ist ihr Weg,
der mich gelehrt hat, sie zu lieben.
Ihr Einklang mit der Natur.
Ihre unerschütterliche Liebe zu allem,
was uns umgibt.
Wofür sie selbst auf Liebe verzichtet.
Das sind die Gründe für meine tiefe Liebe zu ihr.

Aber glaubt sie mir auch diese Worte?
Und verlor ich auch die Freundschaft zu ihr,
die sie mir doch versprach.

Mein Herz hielt sich so an einem Strohhalm fest,
der aber zu dürr war, um ewig standzuhalten.
Mein Verstand wusste schon von diesen Dingen,
die mein Herz noch festhielt.

Die Schmerzen einer Liebe

Auch mein Herz füllte sich langsam mit Zweifeln.
Ich dachte, dass dieses Versprechen
tief aus ihrem Herzen kam.
Und nicht nur belanglos aus der Luft gegriffen war,
um so einen gewissen Abstand zu wahren.

So fragte ich mich jede Nacht,
was soll ich bloß unternehmen, um mich
von meinen zitternden Händen abzulenken,
wenn sie sie berührte?

Langsam fragte ich mich,
wie lange konnte ich meine Gedanken
noch von den Schreien meines Herzen trennen?

Ich höre gerne dem Klang
ihrer zauberhaften Stimme zu.
Ihre Stimme schien mich zu verzaubern
und ließ mich jede Sekunde,
die ich sie hören durfte,
in die schönsten Träume versinken,
ohne dass ich schlafen musste.

Ich habe so etwas so machtvolles
noch nie bei einem Menschen verspürt.
Selbst aus weiter Ferne würde ich sie finden,
würde ich ihre Stimme vernehmen.

Aber sollte ich meine Liebe deshalb
vor ihr verstecken?

Die Schmerzen einer Liebe

Oder soll mein Herz
in der Dunkelheit meines Denkens verschwinden?
Sodass diese Gedanken
diese Liebe des Herzens auslöschen.

Oder ist es doch richtig,
den dunklen Gedanken Einhalt zu gebieten
und die Liebe meines Herzens gedeihen zu lassen?
Ich verzweifle daran,
an diesen Gedanken, die mich heimsuchen.

Oder hält sie mich
trotz meiner Liebe zu ihr
für einen Wolf, der nur seinem Instinkten folgt,
um an sein Ziel zu gelangen?

Ist eigentlich auch der Weg der Wahrheit
durch solche Gedanken gefährdet?
Ich sage, ja, meiner schon,
weil ich dieses Mädchen meiner Träume
erst einmal kennenlernen muss.

Und ihr in ihre Augen sehen muss.
Denn ein jeder weiß, dass es heißt,
die Augen sind die Spiegel unserer Seele.

Können wir uns auch im richtigen Licht
besser erscheinen lassen,
lügen unsere Augen nicht.

Schwarze Dolche auf blutrotem Grund

Schwarze Dolche auf blutrotem Grund

Ich fühlte mich verloren in einer Welt,
die unwirklich zu sein scheint.
Verloren, einsam,
zurückgelassen wie die Natur,
deren Bedeutung wir aus den Augen verloren.

Still, allein, ohne Bedeutung zu haben.
Meine Gedanken marterten mich unstillbar
nach der Bedeutung meiner Existenz.

Da schaute ich mit einen Blick offen in die Welt
und sah dieses Zeichen.
Ein blutroter Grund,
darauf drei gekreuzte schwarze Dolche.

Es war magisch,
wie von einer Urgewalt getrieben,
hin zu diesem Platz.

Was zeigt es mir in meiner Seele?
Eine Bestimmung, einen Pfad,
der sich vor mir auftut.
Dieses brannte sich fest
in meine fragenden Gedanken.

Es ist eine Urkraft,
die sich mit der Natur der Magie auseinandersetzt.
Zurück zu den Wurzeln unseres Anfangs.

Dieses Symbol führte mir bewusst vor Augen,
was vergessen schien.
Erinnert mich daran, aus dieser Welt zu entfliehen.

Schwarze Dolche auf blutrotem Grund

Magie in dieses Leben zurückzuholen.
Nicht zu zerstören, sondern zu bewahren,
das bedeutet dieses Zeichen für mich.
Nicht mehr bei der wahllosen Zerstörung
dieser Zeit mitzuwirken.

Unerfüllte Liebe

Unerfüllte Liebe

Ich habe eine Liebe, die mein Herz zerfrisst,
weil sie nicht erwidert wird.

Ihre Schönheit hat sich tief
in meine Seele gebrannt.
Ich sehe sie an
und ich höre in diesem Moment auf zu atmen.

Sie spricht zu mir
und mein Herz pulsiert schneller.

So anmutig wie eine Prinzessin
aus einem verschollenen Märchen steht sie da.
Und ich fühle mich
als würde mein Herz es nicht überstehen,
würde ich sie nicht sehen können.

Es bedrückt mich zutiefst,
so nah bei ihr zu sein
und doch, auf anderer Seite,
scheint sie unerreichbar für mich zu sein.

Ich verspüre jede Stunde die Angst,
sie bald nie mehr zu erblicken.
Die Angst ihre Stimme nie mehr zu hören,
in meinem Glauben fehlte sie mir schon sehr.

Als würde ich ein Teil meines Lebens verlieren.
Auch würde ich für sie durch die Feuer
und die zerstörerische Kraft der Hölle gehen,
nur um bei ihr sein zu dürfen.

Unerfüllte Liebe

Auch wenn der Mond und die Sterne
von der Dunkelheit verschlungen würden,
so würde meine Liebe zu ihr
meine Hoffnungen in meinem Herzen vereinen.

Doch erleide ich dadurch auch Schmerzen,
weil die Dunkelheit
mein Herz zu ersticken versucht.
Wie die Seele und das Herz eines Königs,
dem trotz seiner Macht alles genommen wurde,
was er doch so liebt.

Die Sehnsucht, die ich nach ihr verspüre,
zerreißt mich.
Voller Trauer und in Tränen getränkt,
verzweifle ich daran, sie loszulassen.

Vielleicht werde man mir
erneut das Leben nehmen.
Aber ich danke ihr dafür,
dass ich diese Gefühle einmal erleben durfte.

Flehe ich sie auch an,
ihr Herz für meine Worte zu öffnen.
Würde sie es niemals tun.
So werde ich es mit versteckten Tränen
wohl hinnehmen müssen.

Denn auf eine Art einem Kampf zu führen,
den man nicht gewinnen kann,
wird mir nur noch mehr Leid zufügen.

Unerfüllte Liebe

Da sie mir einst sagte,
ich fände eine andere Liebe
auf meinem endlosen Weg,
die mich genau das fühlen lässt.

Aber ich spüre genau, was sie damit meinte.
Würde ich auch über tausend Meere und Flüsse,
Länder und Wälder wandern,
so etwas wunderbares fühlte ich nie mehr
in meinem ganzen Leben.

Ganz gleich,
was sie mir glauben zu machen versuchte.
So solle mich der Tod mit seiner Sense holen,
sollte ich lügen.

So soll er mich mitnehmen
in seinem dunklen Gewand,
wo weder Licht noch Liebe
oder Freude hineindringen.

So soll er mich in den Wahnsinn der Ängste,
der Verzweiflung und Trauer
jedes Menschen leiten.
Sodass ich wie eine Puppe
jedes Gefühl von Mitleid vergesse
und verspüre,
dass alles im Dunkeln zu bleiben scheint.

So würde ich ihn begleiten,
ohne mich zu wehren.
Auch wäre es das letzte,
was ich in diesem Leben tun würde.

Unerfüllte Liebe

Dass nur noch das Gefühl des Vergessens
und das der Einsamkeit mich leiten.

Aber trotz alledem
glaubt sie meinen Worten nicht.
So würde ich sie ihr tausendmal sagen.
So werde ich diese Worte aufschreiben,
um nicht stillzuschweigen.

Schwer liegen diese Steine auf dem Weg,
den ich zu gehen versuche.
Ich fürchte mich aus diesem Grund davor,
nie wieder lieben zu können.

Ich hoffe, dass ich eines Tages
doch noch ihr Herz berühre
und so ihr meine Liebe geben darf.

Zerbrochen in der Seele

Zerbrochen in der Seele

Das Gefühl in sich selbst zerstört
und zerrüttet zu sein.
Welchen Wunsch verspüre ich?
Ist es der Wunsch der Freiheit?

Die Freiheit,
im Tod nichts mehr fühlen zu müssen.
Zerbrochen liege ich da,
verlassen von der Liebe.

Wie jener Gefallene,
vertrieben wegen des Glaubens an die Freiheit.
Gedemütigt durch entzogene Liebe.
Zerbrochen unter den Lasten seines Strebens.

Ein Schiff zu Großem auserkoren,
zerschellt an einem Felsen,
sein Ziel nie erreichend.
Untergegangen in den vergessenen Fluten,
mit Nichtachtung bedacht.

Leere umgibt mich,
kein Geräusch in der Weite der Ferne.
Der Tag, an dem jedes
Leuchten der Sterne erlischt
und sie krachend zu Boden fallen.

Ungehörte Tränen,
die verstummen im ewigen Raum.
Keine Stimme erhört mich,
keine Seele findet mich.

Zerbrochen in der Seele

Umgeben von Dunkelheit, Schmerz und Kälte.
Befreit mich denn keiner aus dieser Illusion,
die sich Leben nennt?

Ist nur der Tod die Wahl meiner Freiheit?
Ist es nicht das Streben nach Liebe und Glück,
das Hoffnung gibt?

Zerbrochen bin ich
am ewigen Zweifel meiner Seele.
Das ist meine Bedeutung davon,
eine zerbrochene Seele zu haben.

Zerbrochene Liebe

Zerbrochene Liebe

Ich hatte vor langer Zeit eine Liebe,
der ich mein Herz schenkte.
Doch eines Tages verließ sie mich
und ich ergab mich diesen Schmerzen.

Ich sollte hassen,
doch kann ich es nicht.
Denn was würde der Hass ergeben,
wenn die Flamme der Liebe
noch nicht erstickt ist?

Meine Gedanken mögen hassen,
doch mein Herz wird immer lieben.
Sollte ich dieser Liebe Schmerz zufügen,
um meinen Gedanken ihren Frieden zu geben?
Und somit meinem Herzen einen Stich versetzen
und mein Leben beenden?

Darum sage ich,
lass diesen endlosen Kampf ruhen.
Denn Kampf bedeutet Verlust.
Und Verlust kommt Sterben gleich.

Möge man mir auch Alles nehmen,
meine Freiheit nimmt mir keiner.
So sage ich, vertraue deinem Herzen,
nicht auf deine Augen oder den Verstand.

Schließt eure Augen und sagt mir, was ihr fühlt.
Dann wisst ihr und weiß auch ich,
ob es dieses Gefühl ist,
was euch Freude oder Trauer bereitet.

Zwei Seelen in einer Person

Zwei Seelen in einer Person

Wie muss es sein,
zwei Seelen in sich vereint zu haben?
Die eine Seele, die verspricht Gutes zu tun
und die andere Seele, die Böses tun möchte.

Und wir, die beides in uns vereinigen, sind die,
die sich Tag für Tag dafür entscheiden müssen,
welcher Weg der Beste ist.

Doch wodurch scheinen wir zu wissen,
was Gut und was Böse ist?

Hat man je daran gedacht,
dass man gar nicht für sich selbst entscheidet.
Wir lassen uns,
seit unserem Bestehen auf der Welt,
von Gesetzen leiten.

So definieren wir Gutes und Böses.
Weil wir sonst fürchten,
dass alles was wir schufen,
in Chaos versinken würde.

Aber wird einem nicht gerade so
die Freiheit genommen,
die uns jeden Tag versprochen wird?

Kein Wunder also,
dass wir uns nicht danach richten.
Man redet davon,
dass wir gerne Dinge tun,
die uns verboten werden.

Zwei Seelen in einer Person

Aber dies ist nur zum Teil richtig.
Denn wir sind wie Wölfe,
die auch frei sein wollen.

Haben nicht auch Wölfe einen Anführer,
dem sie folgen?
Genau wie wir brauchen sie einen,
der ihnen ihren Weg weist.

Bloß, dass wir nicht das Recht haben,
mitzuentscheiden wie ein Wolf.
Bei uns zählt nur das Überleben,
ohne Rücksicht auf Verluste.

Und an Feiertagen sind wir voller Freude
und heucheln uns vor, frei zu sein.
Alles ist dafür gemacht worden,
uns gefangen zu halten.

Wie zum Beispiel die Kirche.
Gehst du hin,
bist du Gottes Kind
und Gott wird dich auf deinem Weg führen.

Gehst du hingegen nicht in die Kirche,
führt der einzige Weg in das Fegefeuer.

So sagt mir, wo ist die Freiheit geblieben?
Man muss sich immer
und für ewige Zeit
für eine Seite entscheiden.
Und wo ist das Recht nun,
was man Freiheit nennt?

Zwei Seelen in einer Person

So wie die Kinder unserer Generation,
wo ist ihre Freiheit?
Man verlangt von ihnen, dass sie,
wenn sie erwachsen sind,
ihren eigenen Weg gehen.
Doch bestimmen nicht die Eltern diesen Weg,
wie sie leben müssen,
welche Träume sie haben müssen
und wie sie ihre Zukunft gestalten?

Nun frage ich, wo ist da die Freiheit?
Wird ein Kind nicht so,
wie die Eltern es gerne hätten,
wird es verstoßen und nicht mehr beachtet.

Fragt man ein Kind je,
ob es auch seine Träume sind,
die dieses Kind lebt?
Oder ob es unter Druck versucht,
die Träume der Eltern zu leben,
um so Beachtung zu bekommen.
Und so schon zum Scheitern verurteilt ist.
Weil es das, was das Kind kann und möchte,
für die Eltern zurückstellt.

Und wo ist dort nun die Freiheit?
So wie das, was ich jetzt schreibe.
Würde man diese Worte kritisieren
oder darüber nachdenken?

Nun, das kann nur jeder für sich entscheiden.
Denn das ist, was es heißt, frei zu sein.

Diese Buch widme ich liebevollen Menschen, die mich dazu inspiriert haben, dieses Werk niederzuschreiben.
Ich bedanke mich, dass ihr mir in meinem Leben immer tatkräftig zur Seite steht.

Nadine, die alle Zeit an meiner Seite steht.

Jannes, auch dafür, dass du mich angenommen hast in deinem Leben.

Rika, dass du mir durch dich einen neuen Lebensweg aufgezeigt hast.

Irina, die du ein besonderer Teil geworden bist, der mir auf meinem Lebensweg Begleitung und Inspiration ist.

Danke, dass ihr an mich geglaubt habt und für mich da seid!